Marie-Claire Bertrand
Sarah Guilmault

Mystères
au Grand Hôtel

Illustrations de **Paolo d'Altan**

Directrice à l'édition
Suzanne Berthiaume

Chargée de projet et réviseure linguistique
Marthe Bouchard

Correctrice d'épreuves
Diane Plouffe

Coordonnatrice aux réalisations graphiques
Sylvie Piotte

Édition électronique
Édiflex inc.

Sources des photographies
© **GENÈVE TOURISME**, p. 32.

ÉDITION ORIGINALE :
Mystères au Grand Hôtel, Marie-Claire Bertrand et Sarah Guilmault
© 2006 Black Cat Publishing, Canterbury,
une division de Cideb Editrice, Gênes

ÉDITION POUR LE CANADA :
© ÉDITIONS DU RENOUVEAU PÉDAGOGIQUE INC., 2010

E RPi Éducation ▸ innovation ▸ passion

5757, rue Cypihot, Saint-Laurent (Québec) H4S 1R3 ▸ **erpi.com**
TÉLÉPHONE : 514 334-2690 TÉLÉCOPIEUR : 514 334-4720 ▸ erpidlm@erpi.com

Dépôt légal – Bibliothèque et Archives nationales du Québec, 2010
Dépôt légal – Bibliothèque et Archives Canada, 2010

Imprimé au Canada   1234567890 HLN 19876543210
ISBN 978-2-7613-3488-4   12213   CM16

Sommaire

🎧 L'histoire est intégralement enregistrée.

CHAPITRE 1

Le départ

L e train s'éloigne lentement de la gare tandis que Caroline, penchée à la fenêtre, fait des signes à ses parents. «Enfin!» pense-t-elle toute contente. «Pour la première fois de ma vie, je ne suis pas obligée de passer mes vacances à la mer avec mes parents sur la plage habituelle, avec les mêmes amies et… avec mon petit frère Pierre! Je l'adore, mais il est toujours dans mes jambes.»

Caroline ferme la fenêtre et s'assoit à sa place. Elle essaie de lire un magazine, mais elle trop agitée, elle n'arrive pas à se concentrer. C'est la première fois qu'elle part toute seule. Certes, ce n'est pas un voyage long et dangereux, mais sa mère est toujours inquiète. «Ah, maman», pense Caroline, «toujours aussi angoissée! Je ne suis plus une petite fille, j'ai dix-sept ans quand même!»

Maintenant, le train traverse à toute vitesse la campagne.

Mystères au Grand Hôtel

Le premier arrêt est Marseille. À Lyon, elle doit changer et prendre le train pour Genève, en Suisse, où l'oncle Georges, le frère de sa mère, l'attend.

Caroline vit à Nice. Elle entre en classe de terminale[1] l'année prochaine et son rêve est de travailler à la direction d'un grand hôtel. Elle connaît bien l'italien, l'allemand, qu'elle a appris de sa grand-mère autrichienne, et bien sûr l'anglais.

Son oncle Georges est un grand chef cuisinier. Il a travaillé dans le monde entier, dans les cuisines des hôtels les plus réputés. L'année dernière, pour ses cinquante ans, il a décidé de poser définitivement ses valises et il a accepté d'être chef cuisinier dans un hôtel très luxueux à Genève. C'est lui qui a eu l'idée de proposer à Caroline de travailler avec lui durant les vacances d'été. Sa mère, naturellement, a tout de suite dit : « Mais Caroline est si jeune… Elle ne peut pas… » « Arrête un peu ! » lui a dit l'oncle Georges « Caroline est presque majeure et en plus, je suis là pour la tenir à l'œil ! » À la fin, sa mère a accepté. « Merci, cher oncle Georges, grâce à toi, maintenant je suis dans le train et je sais que ça va être une expérience inoubliable ! » pense Caroline.

---

1. **Classe de terminale** : dernière année de lycée (école secondaire), en France.

CHAPITRE **2**

Le Grand Hôtel

Sur le quai de la gare, Caroline et son oncle s'embrassent, heureux de se retrouver. Ils se voient si rarement, seulement aux réunions de famille et il y en a si peu ! Puis, ils montent en voiture pour rejoindre l'hôtel. Le lieu est magnifique : il est situé au bord d'un lac, entouré de beaux jardins à l'italienne, très bien entretenus. L'hôtel en lui-même est charmant, c'est une construction qui date de la fin du 19e siècle, de style Belle Époque. De la terrasse, il y a une vue splendide sur le paysage environnant, ce qui laisse Caroline sans voix.

— C'est beau, n'est-ce pas ? lui dit son oncle.

— C'est très beau ! répond la jeune fille.

— Viens, je vais te montrer ta chambre. Écoute, demain c'est mon jour de repos et je veux en profiter pour te présenter le directeur. Ensuite, si tu as envie, on peut faire un petit tour en ville. Qu'est-ce que tu en penses ?

— C'est une super-idée, je ne connais pas du tout Genève. Maintenant, ils se trouvent au dernier étage du bâtiment, ils parcourent un long couloir. Georges s'arrête et fait tourner la poignée de l'une des nombreuses portes qui longent le couloir.

— Voilà ta chambre. Elle n'est pas très grande et pas aussi luxueuse que celles des clients, mais regarde un peu par la fenêtre, tu as une très belle vue aussi sur le lac.

Caroline se précipite vers la porte-fenêtre.

— Je suis vraiment très contente !

— Bon, installe-toi tranquillement et puis, quand tu es prête, tu viens nous rejoindre à la cuisine, d'accord ?

Le lendemain, son oncle lui présente monsieur Grandin, le directeur de l'hôtel : c'est un homme élégant et assez sympathique. Il lui parle des activités quotidiennes qu'elle doit faire : aider le personnel à la réception, dans les cuisines, participer au nettoyage… Caroline l'écoute attentivement.

— Tu comprends, il est nécessaire d'avoir une idée bien précise du fonctionnement d'un hôtel, finit-il par dire.

— Je vous promets que je vais faire de mon mieux.

Pour lui changer un peu les idées avant de commencer le travail, son oncle lui fait faire une visite de la ville. Puis, il l'invite dans le meilleur restaurant de Genève : Caroline se régale[1].

— C'est vraiment délicieux ! Je te remercie pour cette magnifique journée.

---

1. **Se régaler** : trouver le repas délicieux.

Mystères au Grand Hôtel

— Ça me fait tellement plaisir de te voir !

Sur le chemin du retour, il la rassure sur le discours du directeur.

— Demain, tu vas commencer le travail, mais tu ne dois pas t'inquiéter : ce n'est pas aussi fatigant que ça en a l'air ! C'est même assez amusant d'observer les clients de l'hôtel. Il n'y a que des gens riches, et parfois ils sont un peu étranges, ajoute-t-il d'un ton sérieux.

Lorsqu'ils arrivent à l'hôtel, Caroline souhaite une bonne nuit à son oncle, puis elle se rend dans sa chambre. « J'ai trop mangé et trop bu ! Demain, il faut que je demande à mon oncle si je peux profiter de la salle de sport de l'hôtel pendant ma pause ! » Et elle s'endort, enthousiaste et rassurée.

CHAPITRE **3**

La première journée de travail

À peine réveillée, Caroline pense à sa première 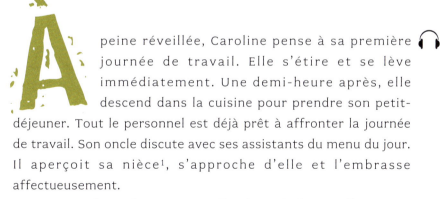 journée de travail. Elle s'étire et se lève immédiatement. Une demi-heure après, elle descend dans la cuisine pour prendre son petit-déjeuner. Tout le personnel est déjà prêt à affronter la journée de travail. Son oncle discute avec ses assistants du menu du jour. Il aperçoit sa nièce[1], s'approche d'elle et l'embrasse affectueusement.

— Bonne chance[2] pour ta première journée de travail !

— Merci, c'est gentil. Au fait, est-ce que je peux utiliser la salle

---

1. **Nièce** : la fille de sa sœur.
2. **Bonne chance !** : expression pour souhaiter du succès.

de sport pendant ma pause ?

— Je pense qu'il n'y a pas de problème. Mais pour être plus sûr, il vaut mieux demander au directeur. Le voilà qui arrive justement. À l'heure, comme toujours !

Le directeur salue de sa manière élégante et gentille tout le personnel en train de déjeuner, puis il s'assoit à côté de Caroline pour lui communiquer, une feuille à la main, le plan de sa journée de travail.

— Voilà : de 7 h 30 à 10 heures, tu dois aider à servir le petit-déjeuner et contrôler qu'il ne manque rien au buffet ; de 10 heures à midi, tu aides Sara à remettre les chambres en ordre et à faire le ménage ; de midi à 14 heures, c'est le moment du déjeuner et de la pause. En ce qui concerne l'après-midi, de quatorze à seize heures, tu dois aider le personnel en cuisine ; de seize à dix-huit heures, tu es à la réception. À partir de dix-huit heures, tu es libre. Ça te va ?

Caroline fait oui de la tête et lui demande timidement si elle peut utiliser la salle de sport.

— Bien sûr ! Mais seulement au moment de la pause, quand les clients sont en train de manger.

— C'est promis ! Merci beaucoup, répond Caroline très contente.

— Bon et si quelque chose n'est pas clair sur l'organisation de la journée, n'hésite pas à t'adresser à mon assistante, dit-il un peu pressé.

Il lui serre rapidement la main et s'en va d'un pas rapide.

L'assistante du directeur, madame Moreau, est une femme distinguée de cinquante ans environ. Elle semble plutôt sympathique, mais elle a un air mystérieux qui intimide beaucoup. Elle fait un gracieux sourire à Caroline.

La première journée de travail

— Si tu as besoin de moi, tu peux me trouver au bureau de monsieur Grandin. Tu sais où il se trouve, n'est-ce pas ?

Elle n'a pas le temps de finir sa phrase qu'elle est déjà sur les talons[1] du directeur.

« C'est incroyable ! Tout est si bien organisé ! » pense Caroline. Elle suit la serveuse dans la salle à manger principale où arrivent les premiers hôtes[2] pour prendre leur petit-déjeuner. Le buffet est préparé avec beaucoup d'attention : fruits exotiques, pains de toute sorte, gâteaux appétissants, fromages, yaourts aux goûts multiples...

1. **Être sur les talons de quelqu'un** : suivre quelqu'un de près.
2. **Hôtes** : ici, les clients de l'hôtel.

CHAPITRE **4**

I l est midi et quart et, comme prévu, Caroline se dirige vers la salle de sport. Elle se trouve juste à côté de l'hôtel dans un bâtiment splendide qui servait autrefois d'écurie[1].
À l'intérieur, l'équipement sportif est très moderne et il y a aussi une magnifique piscine en mosaïque. Émerveillée par tant de luxe, Caroline n'entend pas tout de suite la voix derrière son dos.

— Je peux vous aider, Mademoiselle ?

— Comment ? Excusez-moi, je n'ai pas entendu, dit Caroline qui se retourne pour voir son interlocuteur.

— Je peux vous aider ? répète la voix avec un léger accent américain.

— Oh.. euh… Non ! Non merci ! Je ne suis pas une cliente de

---

1. **Écurie** : local pour les chevaux.

l'hôtel, mais j'ai l'autorisation du directeur pour utiliser la salle de sport...

— Pas de problème… interrompt le jeune homme… Oh ! Pardon, je ne t'ai même pas dit mon nom : je m'appelle Richard.

À son tour, Caroline se présente et lui raconte ce qu'elle fait ici. Richard aussi travaille à l'hôtel pour les vacances d'été et il lui explique qu'il vient des États-Unis, de Boston plus précisément. Sa famille est française d'origine, ses grands-parents ont vécu à Paris et à la maison, ils parlent tous un peu français. Il a vingt ans et il est en deuxième année de médecine. Un de ses cousins, ami du directeur, lui a trouvé ce travail : pendant deux mois, il est responsable du fonctionnement de cette luxueuse salle de sport.

— J'aimerais bien parler un peu mieux la langue de mes grands-parents, mais malheureusement j'ai peu de temps pour suivre des cours de français. Il faut aller en ville et mon travail se termine toujours tard le soir…, confie-t-il.

Aussitôt, Caroline a une idée.

— Si tu veux, je peux t'aider. Moi aussi je voudrais parler un peu mieux l'anglais, comme ça, si tu es d'accord, on fait un échange : je te donne des cours de français et tu me donnes des cours d'anglais ! propose-t-elle.

— C'est une excellente idée ! Et quand peut-on commencer ?

— On peut commencer dès ce soir. Ça te va à huit heures, ici, dans la salle de sport ?

— Parfait.

CHAPITRE **5**

Monsieur Henry

L e lendemain à sept heures, Caroline, très contente de sa soirée avec Richard, savoure son petit-déjeuner en compagnie de ses collègues. Tout à coup, quelqu'un pénètre brutalement dans la cuisine et se met à parler sur un ton provocateur.

— Oh, mais voilà notre chère petite Caroline ! La nièce du roi des cuisiniers, notre grand Georges... ! Bonjour et bienvenue parmi nous ! Caroline lève la tête et regarde l'homme debout qui lui fait face. Il est petit et gros et porte une moustache à la Hercule Poirot. Il est un peu ridicule comme certaines caricatures de bandes dessinées.

— Bonjour ! dit-elle d'une voix douce entre deux gorgées[1] de thé chaud.

---

1. **Gorgées** : liquide qu'on avale en une seule fois.

Mystères
au Grand Hôtel

À la réponse de Caroline, l'homme prend un air plus complaisant.

— Je m'appelle Henry, monsieur Henry, et je suis l'autre grand cuisinier, et il s'avance pour lui serrer la main.

— Enchantée ! Je vois que vous me connaissez déjà et que je n'ai donc pas besoin de me présenter, ajoute Caroline.

Après le petit-déjeuner, comme prévu, elle aide Sara à remettre les chambres en ordre. C'est l'occasion pour toutes les deux de faire connaissance. Sara aussi est française, mais ses parents sont d'origine marocaine, de Rabat, la capitale. Elle est étudiante et elle a la même ambition que Caroline : elle voudrait un jour travailler à la direction d'un grand hôtel.

— Sara, tu peux me dire qui est ce monsieur Henry ? Il a l'air si étrange… demande Caroline tandis qu'elles sont en train de refaire le lit.

— Tu as fait connaissance avec monsieur Henry ! répond-elle d'un air ironique. Tu dois déjà savoir que c'est l'autre cuisinier de l'hôtel. L'autre, ça veut dire le second. C'est simple, monsieur Henry n'aime pas ton oncle parce qu'il fait mieux la cuisine que lui. En plus, c'est toujours Georges qui prépare les repas pour les fêtes et les réceptions importantes. Tu comprends, Henry, lui, prépare à manger presque tous les jours. Certes, il cuisine bien lui aussi, mais ce n'est pas comme Georges…

Avant le repas de midi, l'oncle de Caroline est installé à table avec tous ses assistants. Il explique à son équipe les différents détails à régler pour la grande fête du samedi suivant. Cette soirée est en l'honneur d'une femme très riche qui veut fêter son anniversaire. Elle a insisté pour que Georges prépare le repas pour ses invités. Il n'a pas le temps de donner ses dernières recommandations qu'Henry entre comme un fou dans la pièce.

Mystères au Grand Hôtel

— Ordure[1] ! crie-t-il à Georges. Cette fois encore c'est toi qui fais la cuisine. Sois maudit ! Tu vas me le payer, tu entends ?

Tout le monde est étonné par cette réaction brutale. Certes, sa jalousie n'est plus un mystère pour personne depuis longtemps, mais on ne l'a encore jamais vu menacer Georges. Les cris du cuisinier sont arrivés aux oreilles du directeur de l'hôtel qui se précipite, suivi de son assistante.

— Monsieur Henry, je vous en prie ! Dans la salle à manger, il y a nos clients, ils peuvent vous entendre. Je vous en prie !

Madame Moreau, tranquille comme d'habitude, essaie de calmer Henry. L'oncle de Caroline est triste pour son collègue et personne ne sait plus quoi dire ni quoi faire. Après quelques minutes de discussion à voix basse, l'assistante du directeur réussit à entraîner Henry vers la sortie. Cependant, juste avant de fermer la porte derrière lui, il a le temps d'ajouter toujours sur le ton de la menace :

— Mais tu peux me croire : ça ne va pas s'arrêter là !
Henry vient à peine de fermer la porte qu'un murmure fait place au silence. Pour mettre fin à l'embarras, le directeur ordonne :

— Allez, je ne veux plus en entendre parler ! Tout le monde au travail !

Lorsque Georges se retrouve seul avec sa nièce, il lui confie sur un ton un peu triste :

— Je sais qu'il a été un peu jaloux de moi, mais dernièrement nos rapports se sont nettement améliorés. Aujourd'hui, il a eu un comportement vraiment incompréhensible.

---

1. **Ordure !** : insulte.

CHAPITRE **6**

Un incident déplaisant

Ce matin, Sara raconte à Caroline les derniers commérages[1] qui circulent sur madame Newman, l'épouse d'un milliardaire américain. Malgré l'interdiction faite par le directeur de parler des clients de l'hôtel, des bruits[2] courent sur cette femme qui doit fêter son anniversaire le samedi suivant et qui a été la cause de la scène de jalousie d'Henry.

— J'ai entendu dire qu'elle prétend avoir quarante ans, raconte Sara. En réalité, elle est plus âgée. C'est vrai qu'avec tout

1. **Commérages** : raconter des choses indiscrètes et méchantes sur les autres.
2. **Bruits** : nouvelles.

Mystères
au Grand Hôtel

l'argent qu'elle a, elle peut se permettre d'acheter toutes les crèmes qu'elle veut et faire toutes les cures et les opérations possibles. Tout ça pour sembler plus jeune ! Elle dilapide tout l'argent de son mari. Il est super-riche ! Sais-tu que c'est la quatrième femme de monsieur Newman et qu'il est beaucoup plus âgé qu'elle ? Je dois avouer[1] que c'est encore un bel homme… sportif et surtout, il est très gentil avec tout le monde… ce n'est pas comme sa femme, elle, elle est vraiment antipathique… très arrogante et jamais satisfaite ! Il paraît qu'avant d'épouser le

1. **Avouer** : admettre.

Un incident déplaisant

milliardaire, c'était seulement une petite actrice qui n'a jamais eu de rôle important.

Le soir de la fête, la terrasse qui donne sur le lac est illuminée par des milliers de bougies ; les tables sont ornées de fleurs rares et parfumées. On voit qu'aucun détail n'a échappé à l'organisateur : tout semble parfait. Caroline doit aider à servir le repas que son oncle a préparé avec beaucoup de soin et de raffinement. Les invités en tenue de soirée viennent du monde entier. Caroline entend parler certaines langues pour la première fois. « De quels

pays lointains viennent tous ces gens ? » se demande-t-elle. Elle reconnaît aussi certaines personnes du showbiz[1].

Le repas n'en finit pas et Caroline commence à être très fatiguée : elle rêve déjà de se glisser dans son lit moelleux[2]. Enfin, au milieu des applaudissements, madame Newman commence à couper le gâteau, tandis que son mari se fait apporter les tartelettes aux framboises que Georges lui a tout spécialement préparées. On s'apprête à lever le verre pour porter un toast[3] lorsque tout à coup monsieur Newman porte la main à son cœur et, dans un terrible effort, ouvre la bouche comme pour parler, lève les yeux au ciel et après quelques secondes, s'écroule par terre. Le silence est immédiat. Les invités, tout d'abord immobiles et comme pétrifiés, s'approchent doucement de l'homme étendu par terre. Madame Newman, qui vient de comprendre ce qui se passe, se précipite sur le corps de son mari et commence à hurler.

— Oh God, my darling ! Mon pauvre darling ! Un docteur, vite, appelez un docteur !

Quelques minutes plus tard, le directeur de l'hôtel et son assistante arrivent en compagnie d'un docteur, invité et ami de monsieur Newman. Après avoir ausculté méthodiquement le corps, il se relève et annonce d'un air grave :

— Je suis désolé, il n'y a plus rien à faire, il est mort ! Il s'agit probablement d'un infarctus.

1. **Showbiz** : abréviation de l'anglicisme *show-business*, métier du spectacle.
2. **Moelleux** : doux.
3. **Porter un toast** : boire à la santé de quelqu'un.

CHAPITRE 7

Encore un incident déplaisant

Le lendemain, tout le monde parle à voix basse de la mort du milliardaire américain. Une atmosphère un peu triste règne dans l'hôtel. En effet, monsieur Newman était une personne appréciée par tout le monde.

Tandis que Sara et Caroline s'activent, elles commentent les événements de la veille.

— Tu te rends compte, Caroline, quelle chance pour cette méchante femme, avec tout l'argent qu'elle va hériter de son mari !…

Mystères
au Grand Hôtel

Durant la pause de midi, Caroline va comme d'habitude dans la salle de sport et retrouve son ami Richard.

— Tout cela est si étrange. Selon moi, monsieur Newman n'a pas eu d'infarctus. Ce n'est pas possible, Caroline, il venait chaque jour faire du sport. Il nageait aussi très bien... Vraiment, je ne comprends pas... un infarctus... !!! Je n'arrive pas à y croire ! Pour quelqu'un de son âge, il était très en forme ! Une fois, il m'a dit que chaque matin il faisait au moins une heure de sport avant de commencer à travailler. C'est pourquoi je ne suis pas du tout convaincu. Il était vraiment gentil. Il m'a dit et répété de venir le voir, de retour aux États-Unis. Tu sais, je n'habite pas très loin de chez lui..., dit Richard tristement.

Caroline écoute son ami et reste silencieuse, elle pense elle aussi que cette mort est bien étrange.

Le lundi suivant, un autre incident a lieu : une baronne autrichienne, assez âgée et connue comme excentrique, meurt à l'improviste tandis qu'elle dégustait son velouté de courgettes. La baronne était végétarienne et l'oncle Georges avait la tâche de lui préparer tous ses repas. Elle était très exigeante et très peu appréciée du personnel de l'hôtel : elle se plaignait[1] en permanence pour un oui ou pour un non[2] auprès du directeur.

Pauvre monsieur Grandin ! Il est très préoccupé pour la réputation de son hôtel. Cette fois encore, le médecin pronostique un infarctus. En revanche, cette nouvelle mort renforce les doutes de Caroline et Richard sur la cause du décès : cette femme était en pleine forme et faisait chaque jour de longues

---

1. **Se plaindre** : se lamenter.
2. **Pour un oui ou pour un non** : sans raison.

Mystères
au Grand Hôtel

promenades au bord du lac. Ça fatiguait beaucoup l'infirmière, mais pas la vieille dame encore très dynamique.

Les journaux commencent à faire une mauvaise publicité à l'hôtel et parlent de décès qui n'ont rien d'accidentel ! Évidemment, ça ne plaît pas tellement aux clients de l'hôtel et certains décident même de partir avant la date prévue.

CHAPITRE 8

La malchance continue

Monsieur Grandin tente autant que possible de ne pas perdre le contrôle de la situation. Il rassure les clients qui sont restés et essaie de retenir ceux qui veulent partir. Madame Newman attend l'arrivée des avocats de son mari pour régler les formalités nécessaires. Elle reste enfermée dans son appartement et quand Caroline et Sara vont faire sa chambre, elles la trouvent chaque fois en train de pleurer devant la photo de son mari défunt.

— Pour moi, elle joue la comédie, dit Sara, elle n'a pas l'air sincère !

Henry se trouve dans une situation embarrassante : à cause de la scène de l'autre jour, tout le monde l'évite et plus personne ne lui adresse la parole. Quelqu'un le soupçonne même d'être

29

Mystères
au Grand Hôtel

l'auteur de ces crimes. L'ambiance de l'hôtel est maintenant tendue. Pour compliquer les choses, un autre client de l'hôtel meurt. Et comme pour les cas précédents, l'oncle Georges était chargé de préparer des plats spéciaux. La tension arrive à son comble[1], car cette fois la victime est assez jeune. Le médecin commence à avoir des soupçons et décide d'avertir la police. Le scandale éclate et la même question est sur toutes les lèvres : qui est l'assassin du Grand Hôtel ?

1. **À son comble** : ici, au maximum.

La malchance continue

La situation devient vraiment tragique quand l'autopsie révèle que les trois victimes ont été empoisonnées. Le suspect numéro un est monsieur Henry. Qui d'autre peut avoir intérêt à empoisonner ces trois personnes ? Le mobile[1] est simple et évident : il veut faire accuser Georges pour se venger de lui et en même temps, l'écarter définitivement de sa route.

Le commissaire de police décide de procéder à l'interrogatoire de tout le personnel de l'hôtel. Évidemment, tout le monde confirme qu'une scène de jalousie a eu lieu devant témoins entre monsieur Henry et l'oncle Georges. D'ailleurs, pourquoi Georges aurait-il empoisonné ces trois personnes ? Est-ce que cela ne nuit pas à sa carrière ? Non, décidément, le seul à avoir un mobile sérieux c'est monsieur Henry, pense le commissaire.

— Monsieur Henry doit rester, tous les autres peuvent s'en aller, dit-il d'un ton décisif. Après un interrogatoire de courte durée, Henry, l'air abattu, raccompagne le commissaire jusqu'à la porte.

— Je vous assure que ce n'est pas moi, je suis innocent ! D'accord, j'ai menacé Georges, oui, je suis un peu jaloux, mais je n'aurais jamais tué quelqu'un pour ça...

— Écoutez, Monsieur Henry, je vous demande pour le moment de ne pas quitter le pays et d'être demain à mon bureau à neuf heures précises, ajoute le commissaire d'un ton ferme.

Henry regarde la voiture de police s'en aller, l'air désespéré et le regard vide : le sort semble s'acharner[2] contre lui.

Pour Caroline et Richard, tout cela est bien trop facile. La question à résoudre reste donc pour eux : qui pouvait avoir intérêt à assassiner ces trois personnes ? Dans quel but ?

---

1. **Mobile** : cause, motif.
2. **S'acharner** : combattre avec furie.

Genève, *ville des « droits de l'enfant »*

Genève se trouve en Suisse. Elle est le siège de différentes organisations internationales comme le bureau européen des Nations unies (ONU). Genève est la ville des droits de l'enfant depuis qu'un accord a été adopté en 1989 par l'ONU. 191 pays (sauf les États-Unis et la Somalie) ont ratifié la Convention internationale des droits de l'enfant et se sont engagés à en respecter l'application. Ce texte concerne «ta vie de tous les jours, ton éducation, tes rapports avec les autres, tes devoirs». Il dit que les droits sont les mêmes pour tous les enfants. C'est ce qu'on appelle la «non-discrimination». Leur pays, leur couleur, leur religion, leur origine, le fait qu'ils soient riches ou pauvres, filles ou garçons, ne change rien.

© Genève Tourisme

CHAPITRE **9**

La fin d'un cauchemar

L e soir même, Caroline et Richard tentent de reprendre leur cours, mais il n'y a rien à faire : ils n'arrivent pas à se concentrer. Ils ne cessent de parler et de réfléchir aux événements qui se sont succédé.

— Quelle histoire horrible ! Pauvre Henry !

— Il fait beaucoup de bruit, mais il est bien incapable de faire du mal à une mouche ! Mais comment l'aider ? demande Richard, l'air pensif. Je me suis rendu compte que pendant la nuit n'importe qui peut entrer dans la cuisine de l'hôtel et mettre du poison dans les aliments que ton oncle utilise pour cuisiner. Il y a deux jours, je me suis réveillé pendant la nuit parce que j'avais soif. Je suis donc allé dans la cuisine pour boire un verre de lait. L'hôtel était tranquille, tout le monde dormait, seul le gardien était éveillé et lisait. Je suis passé devant lui et il ne m'a même pas vu ! J'ai tout de suite pensé au directeur et à son organisation qu'il croit infaillible...

Les deux amis continuent à discuter ainsi pendant un bon moment quand Richard se rend compte qu'il est très tard.

— Mince[1] ! s'exclame-t-il, il est déjà deux heures ! Demain, je veux dire aujourd'hui, je dois me lever très tôt, car j'ai plein de choses à faire.

— Moi aussi, j'ai promis à Sara... Caroline n'a pas le temps de finir sa phrase que Richard lui fait signe de se taire.

— Je crois avoir vu de la lumière dans la cuisine. Je veux en avoir le cœur net[2]. Allons voir ! chuchote-t-il.

Ils entrent dans la cuisine à pas de loup[3] et remarquent qu'une ombre bouge. Quelqu'un s'approche du coin aux épices que seul l'oncle de Caroline utilise pour préparer ses plats spéciaux. Ils sont trop loin pour identifier cette ombre. Ils décident donc de s'approcher.

— Ce n'est pas possible ! murmure Caroline stupéfaite. On dirait la veuve Newman ! Mais qu'est-ce qu'elle est en train de faire ?

Ils s'approchent le plus possible d'elle sans faire de bruit. Elle semble chercher quelque chose parmi les bocaux à épices. Richard regarde attentivement la scène qui se déroule devant ses yeux. Il tente de se rapprocher de Caroline, mais dans un geste maladroit, il fait tomber un objet en équilibre sur le rebord de la table derrière laquelle ils sont cachés. La veuve, qui a

---

1. **Mince** : exclamation d'étonnement.
2. **En avoir le cœur net** : ici, être sûr.
3. **À pas de loup** : silencieusement et souplement.

entendu du bruit, se retourne brusquement, surprise dans son acte coupable, et aperçoit Caroline. Richard, lui, a juste le temps de se précipiter à terre et se blesse sur les morceaux de l'assiette cassée[1]. Tout se passe en quelques secondes : Caroline, qui ne veut pas que la femme aperçoive Richard, s'éloigne de la table pour attirer toute l'attention sur elle. La femme pense que la jeune fille tente de s'enfuir ; elle se précipite vers elle et l'attrape fermement par le bras.

— Petite sotte ! Que fais-tu ici ? Pourquoi est-ce que tu n'es pas au lit comme tous les autres ? lui dit-elle en colère.

Caroline tente de se défendre, mais la femme est trop forte.

— On ne t'a jamais dit que la curiosité est un vilain défaut ? Une fois que j'aurai retrouvé le bocal dans lequel j'ai versé le poison, il n'y aura plus d'empreintes[2] et plus de preuves contre moi. Je ne te permettrai pas de détruire mes plans ! Tu dois mourir..., dit-elle cette fois-ci folle de rage devant la résistance de Caroline. Elle glisse ses mains autour du cou de Caroline et commence à serrer très fort. La jeune fille n'arrive plus à respirer, elle tente encore de se débattre, mais la femme tient bon. Dans un dernier effort, la jeune fille, qui commence à suffoquer, réussit seulement à dire :

— Au.. se...cours !

Richard, qui a profité de l'inattention de la meurtrière pour se rapprocher, se jette juste à temps sur elle. Après une lutte acharnée, il libère Caroline qui commence à reprendre son souffle. Tout ce bruit a fini par alerter le gardien de nuit qui

---

1. **Cassé** : rompu, brisé.
2. **Une empreinte** : trace laissée par les doigts.

arrive alors que tout est terminé ou presque. Il aide Richard à attacher la veuve qui ne cesse de hurler de rage. Le directeur de l'hôtel, qui est réveillé lui aussi, a tout de suite appelé la police. Au début, madame Newman proclame son innocence et accuse Caroline devant le commissaire. Mais il a maintenant des preuves, car on a retrouvé le bocal aux épices avec le poison, recouvert de ses empreintes. Et puis surtout, il y a un témoin gênant, Richard, qui confirme aussitôt la culpabilité de la veuve. Elle se rend compte qu'elle ne peut plus nier l'évidence et finit par avouer.

— Je voulais seulement son argent. L'argent, il n'y a que ça qui m'intéresse… Les autres ? Je les ai tués seulement pour faire croire qu'Henry était le meurtrier… Ah ! Ah ! Ah ! Vous l'avez cru, ça a presque marché. Quand j'ai su par hasard qu'il était jaloux de Georges… Si seulement ces deux petits crétins ne s'en étaient pas mêlés[1]…

Heureusement, les quelques clients qui sont restés à l'hôtel dorment profondément et ne se sont rendu compte de rien…

1. **Mêlés** : occupés.

CHAPITRE 10

Six mois plus tard

ous sommes à l'aéroport de Nice. Toute la famille
de Caroline est réunie. Sa mère est comme
d'habitude très préoccupée et Caroline très agitée
à l'idée de faire un si grand voyage.

— Caroline, dès que tu arrives, tu m'appelles, tu n'oublies pas
surtout, hein ? Fais attention à ne pas…

— Ça suffit ! l'interrompt le père de Caroline, elle a vécu des
aventures bien plus dangereuses que celle qui l'attend !
Embrasse-la et laisse-la partir en paix !

Dans l'avion qui l'amène à Boston, Caroline pense à ses
aventures au Grand Hôtel. La veuve est en prison en Suisse.
L'hôtel a retrouvé sa réputation et ses clients. Grâce au travail
de monsieur Grandin et de son assistante, tout est rentré
dans l'ordre, ou presque ! Au fait, monsieur Grandin et
madame Moreau se marient. Henry et l'oncle de Caroline, qui

sont devenus amis, ont préparé ensemble le repas de mariage et ça n'a jamais été aussi bon ! L'oncle Georges a décidé de quitter l'hôtel et veut ouvrir un restaurant raffiné à Avignon[1]. La mère et la grand-mère de Caroline, toutes les deux excellentes cuisinières, ont décidé de lui donner un coup de main. Henry, en revanche[2], a voulu rester au Grand Hôtel et il est devenu le principal cuisinier. Sara est à la réception et elle est très satisfaite. Et Caroline ? Elle se trouve dans l'avion pour rejoindre Richard. Elle doit fêter Noël et le Nouvel An avec lui et sa famille et découvrir la région de Boston. L'été prochain, Richard a promis de venir chez Caroline à Nice, mais ils ont encore le temps d'y penser...

1. **Avignon** : ville située dans le sud de la France.
2. **En revanche** : au contraire.